BEI GRIN MACHT SICH IHR WISSEN BEZAHLT

- Wir veröffentlichen Ihre Hausarbeit,
  Bachelor- und Masterarbeit

- Ihr eigenes eBook und Buch -
  weltweit in allen wichtigen Shops

- Verdienen Sie an jedem Verkauf

Jetzt bei www.GRIN.com hochladen und kostenlos publizieren

Bibliografische Information der Deutschen Nationalbibliothek:

Die Deutsche Bibliothek verzeichnet diese Publikation in der Deutschen National-
bibliografie; detaillierte bibliografische Daten sind im Internet über http://dnb.d-
nb.de/ abrufbar.

Impressum:

Copyright © 1999 GRIN Verlag
Druck und Bindung: Books on Demand GmbH, Norderstedt Germany
ISBN: 9783668671515

Dieses Buch bei GRIN:

https://www.grin.com/document/415918

Philip Hamdorf

Die kommunitaristische Kritik an John Rawls

GRIN Verlag

GRIN - Your knowledge has value

Der GRIN Verlag publiziert seit 1998 wissenschaftliche Arbeiten von Studenten, Hochschullehrern und anderen Akademikern als eBook und gedrucktes Buch. Die Verlagswebsite www.grin.com ist die ideale Plattform zur Veröffentlichung von Hausarbeiten, Abschlussarbeiten, wissenschaftlichen Aufsätzen, Dissertationen und Fachbüchern.

Besuchen Sie uns im Internet:

http://www.grin.com/

http://www.facebook.com/grincom

http://www.twitter.com/grin_com

In der Schrift "Über den Gemeinspruch: Das mag in der Theorie
richtig sein, taugt aber nicht für die Praxis" schreibt Kant:
„Der Begriff aber eines äußeren Rechts überhaupt geht gänz-
lich aus dem Begriffe der Freiheit im äußeren Verhältnisse
der Menschen zu einander hervor; und hat gar nichts mit dem
Zwecke, den alle Menschen natürlicher Weise haben (der Ab-
sicht auf Glückseligkeit), und der Vorschrift der Mittel, dazu zu gelangen, zu tun: so daß auch daher dieser letztere
sich in jenes Gesetze schlechterdings nicht, als Bestimmungs-
grund derselben, mischen muß."(1) Das Recht ist den Vorstellungen eines guten und gelingenden Lebens vorgeordnet, da
diese von den Individuen so unterschiedlich gesetzt werden,
daß sie nicht zu einem gemeinschaftlichen Prinzip taugen. Die
Individuen setzen daher ein in gegenseitigem Interesse formu-
liertes Gesetz fest, daß ihnen erlaubt, ihre Vorstellungen
von einem guten Leben zu verwirklichen, ohne dadurch anderen
Schaden zuzufügen. Auf diese Einsicht Kants stützt sich die
liberale Theorie. Sie betrachtet die Gesellschaft als Asso-
ziation von Individuen, von denen ein jedes seine Konzeption
eines guten oder wertvollen Lebens hat. Die Funktion des
Staates sollte die Ermöglichung dieser Lebenspläne sein und
dabei einem Prinzip der Gleichheit folgen. Wenn der Staat
aber selbst für die eine oder andere Konzeption des guten Lebens einträte, würde sie nur die Ansicht einiger Bürger vertreten, anderer aber nicht, was schließlich zur Diskriminie-
rung führen würde. Daher darf sich ein sich liberal verste-
hender Staat nicht auf eine bestimmte Auffassung des guten
Lebens gründen, sondern allein auf Prinzipien der Gerechtigkeit, welche dazu beitragen sollen, die in der Gesellschaft
miteinander konkurrierenden Ansprüche von Individuen zu entscheiden. John Rawls steht in dieser liberalen Tradition
,wenn er schreibt: „In der Theorie der Gerechtigkeit als
Fairneß nimmt man nicht beliebige Neigungen der Menschen als
gegeben hin, um dann nach der besten Art ihrer Erfüllung zu

suchen. Vielmehr sind Bedürfnisse und Ziele von Anfang an durch die Grundsätze der Gerechtigkeit beschränkt. Man kann das so ausdrücken, daß in der Theorie der Gerechtigkeit als Fairneß der Begriff des Rechten dem des Guten vorgeordnet ist."(2) In Analogie zur Theorie Kants muß Rawls von Neigungen und Glücksvorstellungen abstrahieren, um die Gerechtigkeitsgrundsätze seiner "Theorie der Gerechtigkeit als Fairneß" nicht von bestehenden Bedürfnissen oder gesellschaftlichen Verhältnissen abhängig zu machen. Zu diesem Zweck bestimmt er eine faire Ausgangssituation, den Urzustand, auf dessen Grundlage die Individuen einen Vertrag abschließen. In diesem Urzustand sind im Prinzip alle gleich und treffen sämtliche Entscheidungen hinter einem Schleier des Nichtwissens über mögliche individuelle Besonderheiten, aus denen Vor- oder Nachteile entstehen könnten. Es gibt keine Beschränkungen bezüglich des allgemeinen Wissens über Gesetzmäßigkeiten und Theorien. Keiner jedoch kennt seine Stellung in der Gesellschaft, seine Klasse oder seinen Status, ebensowenig sein Los bei der Verteilung natürlicher Gaben, wie Intelligenz oder Körperkraft. Die Festlegung der Gerechtigkeitsgrundsätze hinter einem Schleier des Nichtwissens soll gewährleisten, daß dabei niemand durch die Zufälligkeiten der Natur oder der gesellschaftlichen Umstände bevorzugt oder benachteiligt wird. Die Prinzipien, die wir in einer solchen Situation vernünftigerweise wählen würden, sind folgende: „1. Jedermann soll gleiches Recht auf das umfangreichste System gleicher Grundfreiheiten haben, das mit dem gleichen System für alle anderen verträglich ist. 2.Soziale und wirtschaftliche Ungleichheiten sind so zu gestalten, daß a)vernünftigerweise zu erwarten ist, daß sie zu jedermanns Vorteil dienen, und b)sie mit Positionen und Ämtern verbunden sind, die jedem offen stehen."(3)
An diesem zweiten Gerechtigkeitsgrundsatz, dem Differenzprinzip, entzündet sich die Kritik M.Sandels. Er kritisiert den

Atomismus der Rawlschen Konstruktion, die beinhaltet, daß
vereinzelte und voneinander unabhängige Personen vor aller
Vergesellschaftung in zweckrationaler Wahl ihre Ziele autonom
setzen. Diese Vorstellung verkennt aber ihre eigenen Grundlagen und gefährdet sie dadurch. So ist das Differenzprinzip
als Teilungsprinzip angewiesen auf eine moralische Bindung
unter denjenigen, deren Vor- und Nachteile aufeinander abge-
stimmt werden sollen. Aber: „Was das Differenzprinzip zwar
voraussetzt, aber selbst nicht zu liefern vermag, ist ein Weg
zur Identifikation derjenigen, in deren Gemeinschaft meine
Vorteile zu Recht als Allgemeinbesitz betrachtet werden, d.h.
ein Weg, und selbst als von vornherein gemeinschaftlich ver-
pflichtet und moralisch engagiert zu verstehen."(4) Für Sandel folgt daraus, daß die Gerechtigkeit nicht vorrangig sein
kann, da unsere Identitäten durch unsere Konzeption des Guten
gebildet werden. Die moralische Kraft unserer Überzeugungen
ist demnach untrennbar mit unserem Selbstverständnis als Mit-
glied einer partikularen Gemeinschaft verknüpft. Sandel versucht also dadurch, daß er die anthropologischen Prämissen
Rawls` als Irrtum entlarvt, den Vorrang der Konzeption des
Guten vor der Gerechtigkeit zu beweisen. Der Begriff des Guten wird von einem anderen Kommunitaristen, Charles Taylor,
noch etwas genauer definiert. Er unterscheidet "konvergente
Güter" von einem "unmittelbar gemeinsamen Gut". Die Bereit-
stellung konvergenter Güter entspringt dem Selbstinteresse
eines jeden Individuums. Da das Individuum diese Güter nicht
allein bereitstellen kann, muß dafür kollektiv gesorgt werden. Taylor bezeichnet dies, als "Fälle kollektiv instrumen-
tellen Handelns".(5) Im Unterschied dazu ist das unmittelbar
gemeinsame Gut, ein Gut was wir teilen. Dieses basiert auf
einem Sinn geteilten Schicksals, in dem das Teilen selbst von
Wert ist. Es bilden sich dadurch, im Gegensatz zu bloß konvergenten Ich-Identitäten, die auf einem Band der Solidarität
beruhenden Wir-Identitäten, welche das gemeinsame Gut als

bindend betrachten und es gegebenenfalls auch verteidigen.
Ebenso wie Sandel konstruiert Taylor ein Abhängigkeitsverhältnis zwischen der deskriptiven Ebene der Sozialanthropologie und der normativen Ebene der gesellschaftlichen Prinzipi-
en der Handlungskoordinierung, wenn er schreibt: „Die Defini-
tion eines republikanischen Regimes, wie es im klassischen
Sinne verstanden wird, setzt eine vom Atomismus verschiedene
Ontologie voraus, die dem atomistisch infizierten "common
sense" fremd ist. Sie setzt voraus, daß wir die Beziehungen
zwischen Identität und Gemeinschaft untersuchen und die ver-
schiedenen Möglichkeiten unterscheiden, insbesondere den möglichen Ort von Wir-Identitäten gegenüber bloß konvergenten
Ich-Identitäten und die daraus folgende Rolle von gemeinsamen
gegenüber konvergenten Gütern."(6)
Freilich ist den kommunitaristischen Kritikern recht zu geben, wenn sie behaupten, daß die liberale Begründungsargumen-
tation die für die Inviduation konstitutive Rolle des sozialen Umfelds und des sich in ihm verknotetem Geflechts perso-
naler und kollektiver Identitätsbestimmungen nicht erfaßt.
Aber was folgt daraus für die normative Ebene? Zunächst ist
zu beachten welchen Strang der liberalen Tradition die kommunitaristischen Kritiker im Auge haben. Unter Vernunft ver-
stand Hobbes die instrumentelle Rationalität des konsequent
durchkalkulierten, individuellen Selbstinteresses. Dieses allein motiviert die Individuen dazu, einen Vertrag mit anderen
abzuschließen. In diesem Sinne ist immer die Position des
"free riders" am rationalsten, d.h. die Position dessen, der
solange die Verträge einhält, wie es in seinem Interesse
liegt, sich aber vorbehält jene zu brechen, wenn er einen pa-
rasitären Vorteil ohne Sanktionsrisiko genießen kann. Es ist
offensichtlich diese liberale Tradition, die die kommunitaristische Kritik im Blick hat, wenn sie von Atomismus und in-
strumenteller Rationalität als Gefährdungen der Gemeinschaft
spricht.

Der zweite Aspekt des Liberalismus geht, wie bereits oben er-
wähnt, auf Kant zurück und ist mit dem Hobbeschen Aspekt un-
vereinbar. Kants praktische Vernunft ist nicht die instrumen-
tell-strategische Vernunft der Klugheitsregeln, die im Dien-
ste des individuellen Selbstinteresses stehen. Sie ist auf
das Universalisierungsprinzip der Gerechtigkeit bezogen und
transzendiert insofern jedes empirische Selbstinteresse. Die
Selbstgesetzgebung der Vernunft a priori bezieht sich auf das
für alle gültige Sittengesetz. Somit ist die Entdeckung und
Vereinbarung allgemein zustimmungsfähiger Normen gestützt auf
die Einsicht moralisch urteilsfähiger Subjekte in das, was
ale gemeinsam wollen könnten. Bei Rawls sind diese Bestimmungen der praktischen Vernunft eingegangen in die Beschränkungen, denen die Individuen im Urzustand unterliegen. Daraus
wird deutlich, daß dieser Strang des Liberalismus sich nicht
atomistisch auf die Individuen als Interessensubjekte grün-
det, sondern auf das moralische Prinzip der Intersubjektivität und Reziprozität. Das Subjekt des Rawlsschen Urzustandes
ist eine Symbolisierung des empirischen Subjekts, welches
sich durch keine traditionell festgelegten Normen gebunden
fühlt. Der moralische Standpunkt, den wir finden müssen, um
ein moralisches Urteil mit Anspruch auf Intersubjektivität
fällen zu können, wird durch die Perspektive der Unpartei-
lichkeit erreicht. Nur wenn wir von eigenen Interessen abse-
hen, ist es möglich, Bedingungen zu schaffen, die es ermöglichen, in Fragen der Gerechtigkeit einen Konsens herbeizufüh-
ren. Dies ist die Konsequenz aus Kants Urteil, daß sich individuelle Konzepte des guten Lebens nicht universalisieren
lassen.

Ein anderer Kommunitarist, M. Walzer, spricht in diesem Zusammenhang dann auch nicht länger von einem "präsozialen
Selbst" des liberalen Subjekts, sondern von einem
"postsozialen Selbst".(7) Das liberale Selbst ist postsozial
nicht in dem Sinne, daß es unabhängig von Lebensformen und

Traditionen ist, sondern daß es eine reflexive Distanz zu diesen gewonnen hat. Aus all diesem wird deutlich, daß die vorher genannten Kommunitaristen, Sandel und Taylor, sich eines "anthropologischen Fehlschlusses" schuldig gemacht haben. Es besteht kein Abhängigkeitsverhältnis zwischen deskriptiver Sozialanthropologie und normativer Handlungskoordinierung. Selbst wenn wir dem Kommunitaristen recht geben, daß die In- X dividuen in überlieferte Traditionen und Lebensformen eingebunden sind, folgt daraus nicht, daß jene eine Konzeption des Guten zur Richtschnur des moralischen Handelns machen müssen. Im Gegenteil: Nur eine auf Rechte gegründete Politik ermöglicht es den Subjekten in freier Selbstbestimmung die Suche nach einem guten und gelingenden Leben aufzunehmen. Dies schließt ein, daß sie zwar nicht unabhängig von überlieferten Normen sind, aber zu diesen doch eine reflexive Distanz gewinnen können, was zur Folge haben kann, daß sie im Horizont neuer Lebensformen ihren Geltungsanspruch verlieren können. Freilich werden bei Rawls wesentliche und berechtigte Anliegen des Kommunitarismus nicht berücksichtigt. Die Beschränkungen des Urzustandes schaffen keine Bedingungen für einen diskursiv ermöglichten Konsens, sondern für die Ermöglichung von Gerechtigkeitsgrundsätzen, die aus der Sicht eines „zufällig ausgewählten Beteiligten" gewählt werden.(8) Da alle den gleichen Beschränkungen unterliegen, kann die Prinzipienwahl auch nur von einer einzigen Person durchgeführt werden, denn es ist eine repräsentative Überlegung, die unter den gegebenen Umständen bei allen gleich ist. Hinzu kommt, daß die Parteien im Urzustand aneinander desinteressiert sind und allein unter dem Aspekt der Nutzenkalkulation entscheiden. Dieser Punkt könnte vernachlässigt werden, da Wolfgang Kersting zurecht schreibt: „Von einer genuinen rationalen Wahl kann bei Rawls nicht die Rede sein. Seine Gerechigkeitsprinzipien sind keineswegs das Ergebnis einer entscheidungstheoretisch belehrten individuellen Nutzenkalkulation.

Letztlich spielt die rationale Wahl im Rahmen des Rawlsschen
Rechtfertigungsarguments keine Rolle, denn bei Licht betrachtet sind die Gerechtigkeitsprinzipien nichts anderes als die
Explikate der ethisch bedeutsamen Merkmale, die durch Defini-
tion dem Urzustand beigelegt worden sind. Anderenfalls könnte
Rawls auch nicht hoffen, daß die Zustimmung, die der Urzu-
standskonzeption zuteil wird, sich auf die Wahlergebnisse
überträgt."(9) Dies Ist die Entscheidung für Kant und gegen
Hobbes. Sie entspringt der Einsicht, daß der Kontraktualismus
eine Quasi-Moral, dessen Verbindlichkeitscharakter von ver-
tragsexternen normativen Bedingungen abhängt.
Hier soll aber gezeigt werden, daß aus den idealen Bestimmungen des Urzustands keine repräsentative Wahl der Gerechtigkeitsprinzipien folgt, die in einem monologischen Akt von jedem gleichermaßen vollzogen werden könnte. Dies kann nur dann
funktionieren, solange in einer Gruppe von Handelnden Interpretationen von Bedürfnissen und Normen nicht strittig sind.
In diesem Sinne ist ein vorgängiger Konsens eine Basis für
die Antizipation möglicher Konsense. Sobald aber diese Vor-
aussetzung nicht mehr gilt, ist es unmöglich eine verläßliche
Entscheidung im Namen aller zu fällen. In Rawls' Konstuktion
können gleich mehrere Konflikte aufbrechen. So orientieren
sich die Verfassungwähler im Urzustand an den sozialen Grund-
gütern, von denen Rawls annimmt, daß die Menschen trotz der
Verschiedenheit der Konzepte des guten Lebens von jenen lie-
ber mehr als weniger haben möchten. Rechte, Freiheiten und
Chancen, sowie Einkommen und Vermögen sind die wichtigsten
Arten der Grundgüter.(10) Hierin spiegelt sich eine bestimmte
Lebensauffassung, nämlich eine individualistische wider, die
andere nicht zu teilen brauchen. Die Bevorzugung kollektiver
Grundgüter, wie Solidarität und Wohlwollen, könnten dann ei-
nen möglichen antizipierten Konsens zunichte machen.
Ein weiterer Punkt ist der, nach welcher Regel die Verfas-
sungswähler im Urzustand entscheiden. Für Rawls ist es ausge-

macht, daß allesamt eine Strategie des minimalen Risikos be-
folgen und sich nach der Maximin-Regel entscheiden. Diese be-
sagt: „Die Maximin-Regel ordnet die Alternativen nach ihren
schlechtesten möglichen Ergebnissen: man soll diejenige wählen, deren schlechtestmögliches Ergebnis besser ist als das
jeder anderen."(11) Es ist aber eine theoretische Willkür an-
zunehmen, daß alle unter dieser pessimistischen Prämisse eine
Entscheidung treffen würden. Wenn also mehrere Parteien eine
risikofreudigere Entscheidung treffen würden, könnte abermals
ein möglicher Konsens nicht antizipiert werden.

Der letzte Punkt, indem ein Konflikt einen monologisch antizipierten Konsens unmöglich macht, betrifft die idealen Bestimmungen des Urzustands selbst. Diese Bestimmungen gehen
aus einer Explikation unserer allgemeinen Gerechtigkeits- und
Fairneßüberzeugungen hervor. Wenn diese sich aber ändern,
sind auch die Bestimmungen des Urzustands zu ändern. Für
Rawls durchdringen sich die Prinzipien und die Einzelurteile
gegenseitig. Bei ihrer Angleichung spricht er von einem Über-
legungsgleichgewicht. Aber auch hier ist es offensichtlich,
daß Konflikte auftreten können.

All das vorher Gesagte weist daraufhin, was Jürgen Habermas
in folgenden Worten zusammenfaßt: „Ein Geltungsanspruch be-
sagt, daß die jeweiligen Bedingungen der Gültigkeit einer Äu-
ßerung - einer Behauptung oder eines moralischen Gebots- erfüllt sind. Daß sie erfüllt sind, läßt sich freilich nicht in
direktem Zugriff auf schlagende Evidenzen, sondern nur auf
dem Wege der diskursiven Einlösung des Anspruchs- auf propo-
sitionale Wahrheit oder normative Richtigkeit- zeigen. Die
einem direkten Zugriff entzogenen Gültigkeitsbedingungen werden durch Gründe, die im Diskurs angeführt werden können, in-
terpretiert."(12) Hiermit soll gezeigt werden, daß Rawls auf
eine Kommunikationsgmeinschaft angewiesen ist, um seine Theorie zu stützen. Er versucht zwar eine intersubjektive Gültigkeit seiner Prinzipien zu begründen, aber es fehlt bei ihm

eine Reflexion auf jene Bedingungen der Möglichkeit intersub-
jektiver Gültigkeit von Bedeutungs- und Regelverständnis, die
erst durch Sprache und Kommunikation gewährleistet werden.
Zum anderen bleibt Rawls angewiesen auf die Vermittlung durch
eine Tradition der Kultur und der Sprache, ohne die er gar
nicht auf allgemeine Gerechtigkeits- und Fairneßüberzeugungen
rekurrieren könnte. Den Grund für den fehlenden Gemein-
schaftsbezug bei Rawls sieht Habermas in der fehlenden Einsicht der Verfassungswähler im Urzustand in das Sittengesetz.
Diesen fehlt „jedes über die Kalkulation eigener Interessen
hinausweisende Moment von Einsicht."(13) Die moralisch-
praktische Erkenntnis bleibt einem "kompetenten Moralbeurtei-
ler" vorbehalten, der sich in einem Kreis Gleichgesinnter auf
eine Konstruktion des Urzustands festlegt. Wenn aber jener
u.a. die Eigenschaft haben muß, von eigenen Interessen abstrahieren zu können, so ist es möglich, das theoretische Ge-
schäft im "einsamen Seelenleben" durchzuführen. Nur dann können die empirischen Iche im vorhinein theoretisch harmoni-
siert werden. Die Urzustandsbedingung erweist sich somit als
Kunstgriff, durch den die Individuen von vornherein als allgemeine Subjekte gesetzt werden. Habermas kritisiert zurecht
den rationalen Egoismus der Verfassungswähler im Urzustand,
denn dieser erlaubt ihnen nicht, die Prinzipien und Regeln
der Vertragssituation durch eine rational motivierte Zustimmung selbst zu verbürgen. Wenn dies so ist, ist es auch uner-
klärlich, wie Rawls seine Vertragsparteien motivieren will,
sich in einen Urzustand hineinzuversetzen.
Habermas selbst zieht aus dieser Kritik aber keineswegs den
Umkehrschluß der Kommunitaristen. Er favorisiert kein Konzept
des Guten, sondern teilt Kants Urteil, daß sich ein Konzept
des guten Lebens nicht universalisieren lasse. Allein eine
Universalisierung des Rechts erlaubt jedem, sein Konzept des
guten Lebens zu verfolgen. Jede partikularistische Ethik
schließt aus. Nur universelle Normen ermöglichen einer parti-

kularistischen Lebensform ein friedliches Miteinander mit jeder anderen. Dagegen teilt Habermas mit den Kommunitaristen
die Auffassung, daß moralische Normen in überlieferten Traditionen und Lebensformen schon immer vorgegeben sind und als
solche die Orientierung in moralischen Fragen mitbestimmen.
Allerdings weist er diesen Normen keine fraglos konstitutive
Bedeutung für die Identität der Personen und Gemeinschaften
zu. Die für die Identität bedeutsamere Position ist die Aus-
bildung einer postkonventionellen Moral, die sich gegenüber
Traditionen in einer reflexiven Distanz bewegt. Der sich mög-
licherweise daraus ergebende Dissens über strittige Normen
soll schließlich in einem Diskurs aufgelöst werden. Treten
wir aber in die Argumentationspraxis ein, so sind wir gleich-
sam transzendental genötigt, pragmatische Voraussetzungen zu
machen. Nur die Garantie der Öffentlichkeit des Zugangs,
gleichberechtigter Teilnahme, Wahrhaftigkeit der Teilnehmer
und Zwanglosigkeit der Stellungnahme ermöglicht eine Ge-
sprächssituation, in der allein der Zwang des besseren Arguments bestimmend ist. Habermas beschreibt also ein Verfahren,
daß sich nicht in inhaltliche Bereiche erstreckt, sondern daß
allein die Bedingungen für eine Normbegründung, die in unserer alltäglichen gemeinsamen Kommunikationspraxis schon ange-
legt sind, auf den Begriff bringt. Das Prinzip einer zwanglo-
sen Einigung aller als gleicher und freier gilt als letzter
Legitimationsgrund normativer Geltungsanspüche. Im folgenden
Zitat Habermas` wird vollends deutlich, daß er sowohl Motive
des Rawlsschen Liberalismus als auch des Kommunitarismus auf-
nimmt: „Das diskursiv erzielte Einverständnis hängt gleich-
zeitig ab von dem nicht-substituierbaren ˮJaˮ oder ˮNeinˮ eines jeden Einzelnen wie auch von der Überwindung seiner ego-
zentrischen Perspektive. Ohne die uneingeschränkte individuelle Freiheit der Stellungnahme zu kritisierbaren Geltungsan-
sprüchen kann eine faktisch erzielte Zustimmung nicht wahr-
haft allgemein sein; ohne die solidarische Einführung eines

jeden in die Lage aller anderen wird es zu einer Lösung, die
allgemeine Zustimmung verdient, gar nicht erst kommen können.
Das Verfahren diskursiver Willensbildung trägt dem inneren
Zusammenhang beider Aspekte Rechnung - der Autonomie unver-
tretbarer Individuen und ihrer Einbettung in intersubjektiv
geteilte Lebensformen." (14)
Habermas entwickelt dadurch ein demokratisches Prinzip gleicher Kommunikations- und Teilhaberechte. Sie ermöglichen das
Verfahren, mit dem Normen begründet werden können. Aus dieser
Normenbegründung ergibt sich aber keine Handlungsverpflich-
tung, d.h. aus dem normativen Gehalt von Argumentationsvoraussetzungen ergibt sich keine handlungsregulierende Kraft
außerhalb der Argumentationssituation. Allein eine rational,
durch Gründe motivierende Kraft führt der normative Geltungsanspruch mit sich. Dies schließt aber nicht aus, daß wider
besseren Wissens die eigenen Interessen egoistisch verfolgt
werden. Habermas ist daher auf entgegenkommende Lebensformen
angewiesen, die sicherstellen, daß eine Motivation durch gute
Gründe nicht von vornherein in Gegensatz zu eigenen Interessen geraten muß. Diese Lebensformen sind aber die Gemeinschaften mit ihrer jeweiligen Theorie des Guten. In diesem
Fall müßte es eine Gemeinschaft sein, die das Habermassche
Verfahren der Gerechtigkeit zu dem Gut erklärt, welches den
Gemeinschaftsmitgliedern ein gutes und gelingendes Leben ermöglicht. Damit betreten wir einen Problembereich, dessen
Fragestellung Axel Honneth in folgenden Worten zusammenfaßt:
„... wie ein sozial übergreifender Wertzusammenhang beschaf-
fen sein kann, der einerseits durch neue Formen der gesellschaftlichen Solidarität den destruktiven Tendenzen einer
weiteren Individualisierung entgegenwirkt, ohne andererseits
dem radikalen Pluralismus liberaler Gesellschaften zuwiderzu-
laufen." (15)
Insbesondere in der Auseinandersetzung mit Sandel war deutlich geworden, daß wir hinter Kants Urteil, eine Konzeption

des Guten kann nicht universalisiert werden, nicht zurückfal-
len dürfen. Nur eine Universalisierung von Rechtsnormen ermöglicht es, die unterschiedlichen Konzepte des Guten zu verfolgen. Dies schließt natürlich ein, daß partikularistische
Lebensformen gemeinsame Wertüberzeugungen teilen und sich damit von anderen abschließen können. Deren Mitglieder sind
sich aber der Besonderheit ihres Angehörigseins zu einer hi-
storischen, kontingenten, von Alternativen umgebenen Lebensform bewußt. Damit ist jede Lebensform wieder auf eine uni-
versalistische Moral angewiesen, die Offenheit und freie Wahl
garantiert. Michael Walzer bringt dies in anderer Hinsicht
auf den Punkt: „In einer liberalen Gesellschaft werden die
Menschen, wie in jeder anderen Gesellschaft auch, in unterschiedlich, sozial gesehen äußerst wichtige Gruppen hineinge-
boren, sie werden geboren mit bestimmten Identitäten, männli-
chen oder weiblichen, katholischen oder jüdischen, schwarzen,
demokratischen, der Arbeiterklasse zugehörigen usw. Viele ihrer späteren Zusammenschlüsse (wie auch ihrer späteren Be-
rufskarrieren) sind bloßer Ausdruck dieser Grundidentitäten,
die ihrerseits weniger selbstgewählt als verordnet sind. Was
den Liberalismus kennzeichnet, ist weniger die den Individuen
eingeräumte Freiheit, sich auf der Basis dieser Identitäten
zu Gruppen zusammenzuschließen, als vielmehr die Freiheit,
diese Gruppen und bisweilen sogar diese Identitäten hinter
sich zu lassen bzw. sie abzustreifen. Vereinigungen sind in
einer liberalen Gesellschaft immer in ihrem Bestand gefährdet."(16) Walzers Argumentation verläuft ähnlich wie bei Habermas. Er rekurriert zunächst in liberalismuskritischer Ab-
sicht auf das von Heidegger und Gadamer inspirierte Faktizi-
tätsapriori der Vorgeprägtheit all unseres Verstehens und
Wertens durch die Zugehörigkeit zur partikularistischen Tradition einer Sprach- und Kulturgemeinschaft. Da Walzer aber
meint, in einer liberalen Tradition zu stehen, muß er ebenso
feststellen, daß solche Bindungen nicht von Dauer sein kön-

nen, da das liberale Selbst zu diesen eine reflexive Distanz
aufbauen und eigene Konzepte des guten Lebens wählen kann.
Wenn aber im Liberalismus alle Vereinigungen in ihrem Bestand
gefährdet sind, dann ist auch der liberale Staat selbst in
Gefahr. Eine voranschreitende Individualisierung der Lebens-
konzepte gefährdet alle solidarischen Bindungen, so daß auch
politische Verbände und Parteien in ihrem Bestand in Gefahr
sind. Die Individuen sind in ihren politischen Ansichten fle-
xibler geworden und sehen sich durch große Gemeinschaften
nicht mehr vertreten. Als Individualrechte der Entzweiung und
Trennung bilden die liberalen Grundrechte selbst den
Sprengsatz kommunitärer Strukturen. Diese werden von den aus-
einanderstrebenden Individuen zerrissen. Im politischen Be-
reich ist die Folge, daß die politisch vereinzelten Individu-
en machtlos werden. Die Verlagerung der Macht von den demokratischen Institutionen, wie etwa von der Legislative und
politischen Parteien, zu Institutionen des Rechts, wie Ge-
richte und Bürokratie, ist für Sandel eine Folge dieser Ent-
wicklung.(17) Diese allein sind nur noch in der Lage, individuelle Rechte zu verteilen und zu verteidigen. Dies führt
aber zu einem Despotismus neuer Art, denn die vereinzelten
Individuen sind ihrer Machtlosigkeit so sehr bewußt, daß sie
die Entscheidungen der Institutionen kritiklos hinnehmen müssen. Jede Institutionalisierung und Auslegung von Rechten basiert aber auf einer bestimmten Interpretation gesellschaft-
licher Bedürfnisse und Möglichkeiten, so daß nur auf dem Wege
eines demokratischen Verfahrens ein Konsens über die unterschiedlichen Interessen und Interpretationen herbeigeführt
werden kann. Das liberale Selbst zerstört aber in seinem Ver-
langen nach Unabhängigkeit und Freiheit jede solidarische
Bindung, die Bedingung für das demokratische Verfahren ist.
Dadurch tendiert es aber zur Zerstörung der eigenen Lebens-
grundlage.

14

M. Walzer verortet die Lösung die Lösung dieses Konflikts
nicht in vor- oder antiliberalen Gemeinschaften, sondern im
Liberalismus selbst. Der Liberalismus bedarf insoweit der
kommunitaristischen Korrektur, daß in ihm die Gemeinschafts-
postulate eingelöst werden.(18) Diese Korrektur hat die Stär-
kung und Ausweitung demokratischer Partizipationsformen zum
Ziel. Ihre Realisierung finden diese Formen in einem Netzwerk
autonomer Assoziationen und Öffentlichkeiten unterhalb der
Ebene des Staates. Die demokratische Legitimationsform und
liberale Grundrechte sind also aufeinander angewiesen, denn
nur sie zusammen sichern die politische Einheit eines liberal, demokratischen Gemeinwesens. Rawls` These von der Prio-
rität der Gerechtigkeit bleibt wahr, aber deren Institutionalisierung und Ausweitung ist angewiesen auf ein demokratisches Verfahren. Dazu bedarf es aber der Einsicht, daß die
Individuen in der Gemeinschaft, die normativen Bedingungen
d.h. im Habermasschen Sinne die Voraussetzungen des demokratischen Diskurses, als ihr gemeinsames Gut empfinden und damit allein den Zwang des besseren Arguments anerkennen. Da
das liberale Selbst aber immer wieder zur Entzweiung im He-
gelschen Sinne neigt, bedarf es einer Politik die Kommunikationsformen fördert und nicht beschränkt. Insofern weist der
Habermassche Formalismus der Normenbegründung über dessen
Grenzen hinaus. Zwar kann er richtigerweise nur zeigen, wie
Argumentationsvoraussetzungen eine Praxis eröffnen, deren
Ziel es ist, eine Norm konsensrational zu begründen. Aber um
diese Praxis zu ermöglichen, muß er selbst in den Diskurs
eintreten und für unverzerrte Kommunikationsformen streiten.
Zwar bleibt das liberale Selbst ein Stachel für solidarische
Bindungen, aber die Beseitigung aller Asymmetrien des inter
personalen Dialogs kann dafür sorgen, daß sich die einzelnen
Individuen mindestens auf einen Konsens der normativen Bedingungen des Verfahrens einigen, mit dessen Hilfe sie ihre je
eigenen Interessen mit den der anderen harmonisieren können.

Nur ein Anerkennen dieser normativen Bedingungen des demokratischen und liberalen Staates kann einen Patriotismus her-
vorbringen, der sich nicht im Sinne Taylors oder Mac Intyres
(19) auf eine Konzeption des guten Lebens bezieht und dadurch
andere ausgrenzt, sondern auf ein Verfahren, daß den Individuen allererst ermöglicht ein gutes Leben in eigener Regie zu
wählen. Patriotismus für ein solches Verfahren, hilft die
Grundrechte gegen despotische Tendenzen zu sichern.
Zum Schluß sollen die Asymmetrien des interpersonalen Dialogs
kurz angesprochen werden. Es geht dabei unteranderem um öko-
nomische Ungleichheiten, die zu Vorherrschaft und Dominanz
führen können. Rawls war es in seinem Verteilungsprinzip dar-
um gegangen, daß jemand aufgrund eines Talents, welches ihm
nur durch die Natur verliehen worden ist, nicht auch noch be-
lohnt wird. Aus diesem Grunde findet die Wahl von Gerechtigkeitsgrundsätzen unter dem Schleier des Nichtwissens statt.
Die Personen im Urzustand könnten dann ebensogut zur Auffassung gelangen, daß diejenigen, die Fähigkeiten in höherem Ma-
ße ins Spiel bringen können, schon in der Arbeit selbst zu
höherer Befriedigung gelangen. Daraus könnte die gerechte
Vorstellung entstehen, daß diejenigen Arbeiten, die von ta-
lentierteren Individuen verrichtet werden weniger hoch be-
zahlt werden als die Arbeiten, die für die Individuen stumpf-
sinnig sind. Die Individuen könnten dann entscheiden zwischen
entsagungsvoller Arbeit bei höherem Gehalt oder einer Arbeit
mit der sie sich identifizieren können bei niedrigem Gehalt.
Dies könnte u.a. zu einer gerechteren und humaneren Arbeits-
welt betragen, welche eine Bedingung ist für eine demokratische Öffentlichkeit. Nur in einer gerechten und humanen Ar-
beitswelt lernt das Individuum seinen eigenen Wert zu schät-
zen. Selbstschätzung ist aber eine Bedingung dafür, in einem
demokratischen Diskurs selbstbewußt auftreten zu können. Damit sind aber die ökonomischen Rechte im Besonderen noch gar
nicht in den Blick gekommen. Sie beziehen sich darauf, daß

alle Menschen befähigt werden, sich selbst um ihr Wohl zu kümmern. M.Walzer Hat in seinem Buch "Sphären der Gerechtigkeit" eine Konzeption vorgeschlagen, in der an keinen ein sozialer Vorteil verteilt werden sollte, aufgrund der Tatsache, daß er schon einen anderen Vorteil hat. Es heißt dort: „So kann Bürger X Bürger Y bei der Besetzung eines politischen Amtes vorgezogen werden mit dem Effekt, daß beide in der Sphäre der Politik nicht gleich sind. Doch werden sie generell solange nicht ungleich sein, wie das Amt von X diesem keine Vorteile über Y in anderen Bereichen verschafft, also etwa eine bessere medizinische Versorgung, Zugang zu besseren Schulen für seine Kinder, größere unternehmerische Chancen usw."(20) Dies weist schon darauf hin, daß aus einer sozialen Stellung keine politische Macht oder Ohnmacht entstehen darf. Um Asymmetrien zu beseitigen, bedarf es einiger Grundrechte, die es den Menschen überhaupt ermöglichen irgendwelche Rechte einzufordern und wahrzunehmen. Grundlegende Rechte in diesem Sinne sind körperliche Unversehrtheit, ein bestimmtes Existenzminimum und Freiheitsrechte. Für A. Wellmer ergibt sich daraus die Forderung nach einem Grundeinkommen, „das ausreichend wäre, um dasjenige Maß an Autonomie und Selbstachtung für alle zu ermöglichen, ohne welches die liberalen und demokratischen Grundrechte zumindest für die Betroffenen ihren Wert verlieren müßten."(21) Diese Bändigung der destruktiven Energien des Kapitalismus ist nötig, um die liberalen und demokratischen Gesellschaften zu sichern. Nur menschenwürdige Verhältnisse, die die Minimalbedingung, daß die Menschen ihre Rechte wahrnehmen können, erfüllen, können jenen Gesellschaften eine feste Grundlage sichern helfen. Diese Verhältnisse müssen aber in einem demokratischen Prozeß gegen die Interessen des Marktes durchgesetzt werden. Also nicht nur aus moralischer Sicht, sondern auch aus der Sicht einer Grundlagensicherung der liberal, demokratischen Gesellschaft ist eine Durchsetzung jener Forderung nötig. Der Liberalismus bedarf also auch in dieser Sphäre zur eigenen Sicherung einer kommunitären Korrektur.

Anmerkungen:

1. I. Kant "Über den Gemeinspruch: Das mag in der Theorie richtig sein taugt aber nicht für die Praxis" in: Werkausgabe in 12 Bänden, Hg. von W. Weischedel; Frankf.a.M.1991, Bd.11, S.144

2. J. Rawls "Eine Theorie der Gerechtigkeit"; Frankf.a.M.1979, S.49ff

3. J. Rawls a.a.O.; S.81

4. M. Sandel "Die verfahrensrechtliche Republik und das ungebundene Selbst" in: A. Honneth (Hg.) "Kommunitarismus - Eine Debatte über die moralischen Grundlagen moderner Gesellschaften"; Frankf.a.M.1994, S.29

5. Ch. Taylor "Aneinander vorbei: Die Debatte zwischen Liberalismus und Kommunitarismus" in: A. Honneth (Hg.) a.a.O., S.114

6. Ch. Taylor a.a.O., S.116

7. M. Walzer "Die kommunitaristische Kritik des Liberalismus" in: A. Honneth (Hg.) a.a.O., S.179

8. J. Rawls a.a.O., S.162

9. W. Kersting "John Rawls - Zur Einführung"; Hamburg 1993, S.114

10. vgl. J. Rawls a.a.O., S.112

11. J. Rawls a.a.O., S.178

12. J. Habermas "Erläuterungen zur Diskursethik"; Frankf.a.M.1992, S.130

13. J. Habermas a.a.O., S.56

14. J. Habermas a.a.O., S.19

15. A. Honneth "Individualisierung und Gemeinschaft" in: Ch. Zahlmann (Hg.) "Kommunitarismus in der Diskussion"; Berlin1992

16. M. Walzer a.a.O., S.171

17. M. Sandel a.a.O., S.34

18. M. Walzer a.a.O., S.170

19. A. Mac Intyre "Ist Patriotismus eine Tugend?" in: A. Honneth (Hg.) a.a.O.

20. M. Walzer "Sphären der Gerechtigkeit. Ein Plädoyer für Pluralität und Gleichheit"; Frankf./New York 1992, S.49

21. A. Wellmer "Bedingungen einer demokratischen Kultur. Zur Debatte zwischen Liberalen und Kommunitaristen" in: M. Brumlik/H. Brunkhorst (Hg.) "Gemeinschaft und Gerechtigkeit"; Frankf.a.M.1993, S.189